AF542812

LES INQUIÉTUDES

RÉVOLUTIONNAIRES.

PARIS, DE L'IMPRIMERIE DE PILLET AINÉ,
rue des Grands-Augustins, n. 7.

LES INQUIÉTUDES RÉVOLUTIONNAIRES,

OU

LES MALADIES QUE NOUS N'AVONS POINT,

SUIVIES

DE CELLES QUE NOUS AVONS.

A PARIS,

CHEZ PILLET AINÉ, IMPRIMEUR-LIBRAIRE,

ÉDITEUR DU VOYAGE AUTOUR DU MONDE,

de la collection des Mœurs françaises, anglaises, italiennes, etc.,

RUE DES GRANDS-AUGUSTINS, N° 7.

1826.

LES INQUIÉTUDES RÉVOLUTIONNAIRES,

LES MALADIES QUE NOUS N'AVONS POINT,

SUIVIES DE CELLES QUE NOUS AVONS.

Il est une remarque assez curieuse à faire sur l'année 1825 : c'est que nos médecins révolutionnaires nous ont constamment traités pour des maladies que nous n'avions point, et que, passant à côté de celles que nous avions réellement, ils ont paru n'y faire aucune attention. En d'autres termes, ils n'ont cherché à nous inquiéter que sur des choses qui n'étaient point inquiétantes, et, quant à celles qui l'étaient véritablement, ils ont fait semblant de ne les pas découvrir.

L'ordre naturel se trouvant ainsi renversé, il faut tâcher de le rétablir par une autre méthode. Des maux imaginaires, entassés comme des épouvantails d'un côté, et de l'autre, des maux réels dont on ne dit pas un seul mot; voilà qui mérite bien assurément d'être un peu rectifié. Commençons par les inquiétudes qui se sont manifestées au sujet des maladies que nous n'avons point.

PREMIERE

INQUIÉTUDE RÉVOLUTIONNAIRE.

PLAIE DES JÉSUITES.

Il est une comédie que les révolutionnaires affectionnent beaucoup ; c'est le *Tartufe*. Ils ne cessent de la recommander à tous les cœurs bien nés de leur parti, et elle est devenue comme le Coran de leurs fidèles.

Cependant, si l'on veut être de bonne foi, elle n'offre rien de plus remarquable, en fait d'hypocrisie, que leur affectation de zèle, leurs fausses sollicitudes et leurs perfides alarmes pour la sûreté des trônes et la personne des rois. S'il est au monde un exemple odieux de fourberie, c'est dans leurs éternels manifestes contre les jésuites qu'il faut le chercher. Examinez en effet tous leurs griefs ; lisez leurs déclarations de guerre, et vous verrez que la sainte fureur qui les anime n'est qu'un acte de piété filiale envers la royauté. C'est uniquement l'amour de la royauté qui les inspire ; ce sont les périls de la royauté qui les inquiètent ; c'est pour la défense de la royauté qu'ils sont armés, et, s'ils mettent tant d'acharnement à repousser les jésuites, c'est, disent-ils, parce que deux régicides sont sortis de leur école.

Ce seraient des frayeurs bien louables, assurément, si, d'une part, elles étaient fondées, et si, de l'autre, elles étaient sincères. Mais en vérité, messieurs les révolutionnaires, c'est nous supposer un peu trop bonnes gens que de venir ainsi vous recommander auprès de nous de votre intérêt et de vos inquiétudes pour les jours des princes. Appelez les choses par leur nom ; dites sans détour que vous haïssez les jésuites, mais que pour cela vous n'aimez pas les rois.

Au moins, si vous voulez nous tromper là-dessus, commencez donc par nous cacher l'intérêt qui vous anime en faveur de ces autres régicides que l'exécration publique et la molle vengeance des lois n'ont poussés que dans l'exil. Faites taire ce concert de voix fraternelles qui les redemandent, non à la clémence royale, mais à cette espèce de puissance du fait qui prétend n'avoir besoin ni de grâce ni d'amnistie, parce que le bon droit des révolutions a tout légitimé pour vous et pour elle.

Enfin, messieurs, puisque c'est comme régicides que les jésuites vous inspirent tant de méfiance et d'inquiétude, veuillez faire attention que leurs crimes sont un peu moins personnels et moins bien constatés que ceux de ces bons amis dont les intentions ne vous sont nullement suspectes, et que votre protection cherche à rapprocher de la personne du frère de Louis XVI. Prenez en considération les dates et les souvenirs; songez que Jacques Clément et Ravaillac sont plus âgés que Barrère et David; et que les premiers n'étaient pas aussi clairement jésuites que les autres sont régicides.

Nous connaissons d'ailleurs vos principes de justice, et nous savons très-positivement qu'ils s'opposent à la recherche du crime des pères dans les enfans. Vous trouveriez très-mauvais que les fils de Louvel fussent inquiétés au sujet de son attentat, qui ne date cependant encore que de six années; et voilà qu'après plus de deux siècles de prescription vous voulez que tout un ordre d'hommes innocens soit pris à partie pour le crime d'un maître d'école d'Angoulême! En vérité, Messieurs, vous ne pensez pas à l'honneur de vos principes.

Mais aussi que ne dites-vous les choses comme elles sont ? Edifiez-nous un peu moins, et parlez plus franchement ; ou bien voici à quoi nous réduirons vos sollicitudes pour la royauté.

Depuis que nous avons l'honneur de vous connaître, vous avez toujours eu besoin d'un mot de proscription qui vous servît à marquer le front de vos ennemis. Souvenez-vous entre autres des mots *aristocrates* et *accapareurs*, qui vous ont valu tant de profits en argent et en nature. Le tour des jésuites est arrivé : les voilà destinés à représenter tous vos chagrins, toutes vos plaies et toutes les calamités qui peuvent affliger le monde révolutionnaire. Vous ne connaissez plus rien de malheureux qui ne se rattache directement à ce nom maudit. A vous entendre, les jésuites sont maîtres de la paix et de la guerre ; maîtres du ministère et de la cour ; maîtres de l'Eglise ; maîtres de l'instruction publique ; maîtres des faveurs et des disgrâces ; tout se meut et respire par eux dans l'état.

Si cela était, Messieurs, vous auriez réellement raison de trembler ; mais savez-vous de quoi? ce serait d'avoir assez remué de passions, assez produit d'agitation, de scandale et de désordre dans les idées pour amener les choses à un tel point; car il est peu naturel qu'un gouvernement se trouve réduit à s'inquiéter, comme vous, d'une poignée d'hommes qui n'a en maniement que les armes de la parole et de la raison, que vous lui fournissez vous-mêmes par l'excès de votre mauvais esprit et de votre folie. Prenez-vous-en donc à vous seuls de ce que les jésuites vous paraissent si puissans. Ils ne peuvent l'être qu'à la faveur des divisions que vous semez au milieu de nous. Les pouvoirs anarchiques ne s'élèvent jamais qu'à côté des gouvernemens affaiblis par la discorde et minés par l'esprit de faction. Faites cesser les causes, et les effets cesseront d'eux-mêmes. Songez, d'ailleurs, qu'il y va encore plus de votre honneur que du nôtre; car, enfin, il doit vous être infiniment pénible de voir que deux cents jésuites armés d'instruction et de saines doctrines soient plus forts que tous les révolutionnaires de France. A votre place, je ne souffrirais pas cela; et au risque de subir le joug de la tranquillité publique, j'aimerais mieux me convertir à Dieu et au Roi, que de laisser les légions de l'anarchie exposées à fléchir devant quelques jésuites.

Mais je sens que nous aurons de la peine à nous entendre là-dessus. Vous voulez à la fois qu'on vous délivre des jésuites et qu'on vous débarrasse du gouvernement. Vous voulez que les uns soient sacrifiés pour la sûreté des rois, et l'autre pour la sûreté de vos principes. Le fait est que vous êtes très-difficiles à accommoder.

Pour nous résumer sur la *plaie* dont il s'agit, le mal est si peu inquiétant, que, sans l'éveil donné par les journaux de l'anarchie, personne n'en aurait entendu parler. Mais en supposant même que les jésuites eussent la taille de géans sous laquelle on nous les représente, le parti révolutionnaire les croit peu dangereux pour la royauté, puisqu'il est si peu disposé à rechercher leur alliance.

DEUXIÈME

INQUIÉTUDE RÉVOLUTIONNAIRE.

PLAIE DES CONGRÉGATIONS.

MÊMES questions et même incertitude par rapport à une congrégation formidable dont l'ombre poursuit continuellement nos écrivains révolutionnaires. Où est-elle ? que veut-elle? où est sa tribune aux harangues? où est l'armée dont on assure qu'elle menace les libertés publiques? c'est ce que j'ignore complètement. Mais comme je suis de bonne foi, je vais vous expliquer tout ce que j'en sais.

Or, j'ai ouï dire qu'une dangereuse société d'hommes riches et bienfaisans, qui, pour la plupart, ne se connaissent entre eux que de réputation, sont convenus, par une espèce de vœu sympathique, de dépenser une partie de leur bien à faire de bonnes œuvres, à favoriser l'instruction chrétienne, à soulager de préférence les pauvres honteux qui leur sont connus pour être de bonnes vie et mœurs. J'ai ouï dire également que c'est là cette monstrueuse association que les journaux révolutionnaires désignent sous le nom de *congrégation*. Ce qui est certain, c'est que cette *plaie* n'existe pas, ou qu'elle existe comme je viens de vous la désigner.

Ainsi, les gens qui la poursuivent, les yeux bandés, sans trop pouvoir la signaler, n'ont qu'un seul genre de reproches à lui faire, c'est de s'y prendre d'une autre manière qu'eux pour exercer la charité. La congrégation fait l'aumône aux pauvres, les révolutionnaires la font aux riches; la congrégation se cache pour faire de bonnes œuvres, les révolutionnaires s'affichent pour en faire de mauvaises; la congrégation répand son argent dans les greniers, les révolutionnaires répandent le leur dans les journaux; la congrégation favorise l'œuvre de la religion, les révolutionnaires favorisent l'œuvre de la discorde. Si donc la congrégation forme une plaie dans l'état, les révolutionnaires en forment une autre; partant, quittes.

TROISIEME

INQUIÉTUDE RÉVOLUTIONNAIRE.

PLAIE DU MINISTÈRE.

QUAND le ministère actuel a été choisi dans des intentions de redressement et de réparation, il aurait été à désirer qu'on pût lui dire en même tems : « Vous êtes maître de donner » un libre cours aux idées d'ordre et aux sen- » timens de loyauté qui vous distinguent. As- » sociez aux travaux qu'on attend de vous » tous les auxiliaires en qui vous reconnaîtrez » des principes de justice et des vues de bien » public analogues aux vôtres. Choisissez les » instrumens et les ouvriers dont vous avez » besoin, et débarrassez-vous de tout ce que » vous savez être contraire à la prompte re- » construction de l'édifice social. »

Au lieu de lui tenir ce langage, voici de quelle manière la raison publique a dû s'exprimer : « De tous côtés, l'ouvrage de vos prédécesseurs s'élève contre vous. La carrière » où vous entrez après eux restera long-tems » encore toute semée des écueils qu'ils y ont » laissés. Vous allez y rencontrer une foule » d'intérêts révolutionnaires et d'abus inamovibles, des contradicteurs inamovibles, des » journaux révolutionnaires inamovibles, une » licence légale inamovible, une multitude de » nécessités révolutionnaires rendues inamovibles par la politique de vos ennemis, et de » créatures inamovibles, que des puissances » plus ou moins révolutionnaires vous ont léguées à perpétuité. Débattez-vous, comme » vous pourrez, au milieu de tant d'obstacles » et de créations inamovibles ; mais souvenez-vous de les transporter, avant tout, dans » votre système d'administration ; car, aux » yeux de la politique dominante, vous n'êtes » que les exécuteurs testamentaires de Bonaparte et de la révolution. »

Ceci est sérieux, et mérite qu'on s'y arrête un peu, ne fût-ce que pour tirer l'horoscope des ministères qui, après celui-ci, pourront se croire appelés à couper le nœud gordien plus habilement que lui, et à nous faire sortir de la confusion révolutionnaire. Car enfin, les ministères n'en savent pas plus que la nature, qui met vingt ans à réparer l'ouvrage d'un seul coup d'épée ; et, si l'on veut être juste, il n'y aura pas à leur égard de meilleure règle de jugement que celle-ci : Dites-nous ce que vos devanciers ont fait, et nous vous dirons ce que vous pouvez faire. Dites-nous dans quel état vous avez reçu leur héritage, et nous vous dirons dans quel état vous pourrez le mettre. En partant de là, voici ce que nous aurons à nous rappeler.

Dès les premiers jours de la restauration, un des oracles du parti révolutionnaire exprima une idée qui fit grande fortune auprès des siens : il prétendit qu'il n'y avait qu'un lit à refaire en France, et qu'à cela près toute la monarchie se trouvait sur le pied où elle devait rester. Ce mot, parfaitement entendu par ceux qui occupaient tous les autres lits, devint comme la base d'un système politique dans lequel tout déplacement d'un intérêt révolutionnaire serait regardé comme un attentat, et tout classement d'un intérêt monarchique comme une usurpation.

Les uns partirent de ce point pour vouloir que la royauté fût regreffée sur le vieil arbre de la liberté ; les autres, pour que tous les droits de la couronne des lis fussent sacrifiés à ceux de la couronne de fer. Les hommes de la confiance de Bonaparte se firent continuer dans celle des Bourbons. Ses élèves en philosophie et en irréligion nous furent très-fidèlement rendus, et ses esclaves devinrent nos maîtres. Seulement on retira de son administration le nerf qu'il avait eu l'habileté d'y mettre, et l'on y fit entrer tous les germes de licence dont il s'était toujours si soigneusement préservé.

La police générale avait puissamment contribué à la conservation de Bonaparte. On ne jugea pas qu'il fût important de la faire servir à la conservation des Bourbons; et elle leur fut retranchée. Ou bien, ce qui était pire encore, on n'en garda tout juste que le nom et la forme, comme pour engager la royauté à s'endormir sur le bord des précipices où le génie révolutionnaire épiait le moment de la replonger. Aussi n'est-il resté de cette police que le souvenir du profond sommeil où l'empereur de l'île d'Elbe vint la surprendre, et de cette fameuse *goutte d'huile* qui ne servit dans le tems qu'à graisser le char de l'usurpateur.

Ceux qui se souviennent du *Nain jaune* n'imaginerdnt jamais qu'on voulût alors, en France, le rétablissement de la monarchie. Ceux qui ont vu circuler pendant un mois, dans toutes les rues de la capitale, l'insolent chariot qu'un régicide faisait promener au milieu du peuple pour distribuer l'apologie du meurtre de Louis XVI, ne voudront sûrement pas non plus qu'on date de cette époque la renaissance de l'ordre et la cessation du gouvernement révolutionnaire.

Ainsi les ministres d'alors ne se contentaient pas de ne rien faire pour l'intérêt du trône et le redressement des doctrines anti-monarchiques; ils faisaient pis que l'usurpation elle-même; car tout ce qu'ils retiraient, comme tout ce qu'ils ajoutaient au gouvernement de Bonaparte, le corrigeait également à faux et toujours au préjudice des Bourbons.

La seconde restauration ne commença pas sous de meilleurs auspices que la première. L'espèce de capitulation qu'on avait faite avec l'ennemi, en 1814, fut remise en vigueur et maintenue pendant six ans. Dans cet intervalle, on eût dit que la révolution ne faisait que changer de relais pour continuer sa route. Il n'est pas hors de propos d'expliquer ce qui prolongea ses tristes jours.

Les hommes que vous croyez les plus compromis et les plus morts à la vie politique, ont une dernière ressource contre laquelle on ne se tient pas assez en garde : c'est de revivre dans les autres, et de faire ainsi consacrer, par de nouveaux exemples, ce qu'on a trouvé de condamnable dans leur conduite. Ainsi, vous ne les voyez plus occupés que d'une chose, qui est de se voir remplacer par les successeurs les plus propres à continuer ce qu'eux-mêmes ils ont commencé. Voilà pourquoi on les entend recommander toutes les opinions ternes et flexibles, tous les caractères passifs et insignifians, tous les esprits faibles et susceptibles de se laisser diriger sous main. Ils s'accordent à prôner et à protéger de leurs suffrages ou d'obscurs élèves de leur école, ou d'autres médiocrités qui n'ont pour toute recommandation que le besoin qu'on a de leur faiblesse et de leur incapacité pour sauver l'ouvrage de leurs prédécesseurs. De sorte que l'avenir est perdu de vue pour affermir le passé, et qu'au lieu de s'occuper des intérêts de la monarchie qu'on a devant soi, on ne songe qu'à bien établir ceux des révolutions qui marchent derrière.

Le même homme qui, en 1814, n'avait

trouvé qu'une paire de draps à changer en France, prétendit, en 1815, que c'était à lui qu'on devait l'idée du ministère de M. de Richelieu. Au premier aperçu, on ne voit rien à reprendre dans ce conseil. Il s'agissait d'une réputation sans tache, parfaitement pure de tous les crimes de la révolution, et contre laquelle aucun reproche ne pouvait s'élever. Aussi la pensée de mettre le timon des affaires entre les mains de M. le duc de Richelieu eût-elle pu venir aux plus loyaux et aux plus zélés partisans de la restauration. Mais ne doit-il pas paraître singulier qu'elle soit venue d'abord ou qu'elle ait seulement souri à un des hommes de la révolution qui avaient le plus de peur de la vraie monarchie et des conséquences du gouvernement légitime? C'est que, pendant les sept premières années du rétablissement des Bourbons, les révolutionnaires se sont toujours bien mieux connus que nous aux choses et aux personnes qui leur convenaient. C'est que leurs tablettes étaient remplies de noms, de nuances, d'opinions et de cathégories de leur choix, qu'il a fallu épuiser tout du long, avant qu'il nous fût permis d'arriver aux vrais candidats du gouvernement monarchique.

Certainement ils avaient fondé sur le caractère personnel de M. le duc de Richelieu des combinaisons avantageuses pour eux seuls, que malheureusement il n'était pas en état de tromper. Ils commencèrent par lui faire peur des forces révolutionnaires, et sa paresse d'esprit lui fit négliger de les évaluer. En conduisant le vaisseau de l'état sous l'influence de leurs conseils et de leurs menaces, il ne sut que louvoyer timidement sans but et sans direction.

Il y a dans les hommes médiocres je ne sais quelle petitesse d'esprit qui les porte à rechercher de préférence toutes les médiocrités au milieu desquelles ils espèrent jeter quelque lueur et se faire un peu remarquer. Ils ne jouissent de la vie politique et ne se sentent vraiment à leur aise qu'autant qu'ils se voient entourés d'ombres pâles et insignifiantes qui leur aident à dominer le tableau. Comme la probité ne confère pas le talent, surtout dans la carrière politique, où les réputations ne se fondent guère que sur la vigueur et l'habileté, M. de Richelieu aurait eu plus besoin que tout autre de se faire appuyer dans son ministère par quelques-unes des supériorités politiques que le parti de la franche royauté lui aurait aisément procurées. Il aima mieux se renfermer dans une faible coterie sans caractère et sans couleur, à laquelle il ne prêta que le lustre de son nom, et qui ne lui rendit rien en échange. Aussi, trouva-t-il plus fort que lui dans un homme que son mérite personnel ne pouvait rendre redoutable qu'aux rivaux de la dernière médiocrité.

Déjà, comme ministre de la police et de l'intérieur, M. Decazes n'avait guère établi, dans l'administration du royaume, que des peuplades révolutionnaires. Sa *bascule* est fameuse. On sait qu'elle lui tenait lieu de doctrines politiques, de règles de gouvernement et de plan de conduite. Les ennemis du trône furent les premiers à s'en apercevoir, et ils apprirent malheureusement à la faire incliner de leur côté. En cela, ils étaient favorisés par l'invincible prédilection de M. Decazes en faveur des hommes nouveaux, qui pesaient moins sur son amour-propre que les hommes de la vieille monarchie. Il craignait souvent les révolutionnaires; mais il les aimait toujours; et quand la peur l'en éloignait pour un moment, on était sûr que la pente naturelle de son esprit le ramènerait le lendemain auprès d'eux, les mains pleines de concessions et de sacrifices. Ainsi, le jeu de sa bascule n'était point égal des deux côtés. Tout le monde se souvient que, dans les élections, jamais on ne le vit se défendre d'un candidat révolutionnaire comme d'un candidat royaliste ; et, dans tous les débats politiques où sa pensée s'est mise à découvert, on l'a toujours trouvé plus inquiet d'un principe monarchique que d'une cause d'agitation et d'anarchie. On eût dit qu'il croyait tous ses devoirs remplis et toutes ses dettes payées quand les ennemis de la royauté lui avaient donné quittance. C'est que, en effet, il ne s'occupait guère que d'apaiser, à prix d'argent et de faveurs, les cris qui troublaient sa tranquillité personnelle, et que, quand il avait payé sa rançon particulière aux ennemis de l'état, il abandonnait volontiers le reste de la monarchie à leur licence et à leur fureur.

Rien de pire qu'un tel état de choses ne se pouvait concevoir. Cependant ce même ministre, dont la présomption et la hautaine incapacité, dans le seul département de l'intérieur, avaient déjà suffi pour rétablir les affaires de la révolution et ruiner celles de la royauté, fut trouvé digne de devenir, dans un rang plus élevé, le suprême régulateur de la politique. En le voyant arriver à la présidence du conseil, on resta muet d'inquiétude et d'étonnement, comme dans l'attente d'un désastre quelconque qui viendrait enfin ouvrir tous les yeux sur une si longue série de fautes et de périls.

Bien loin alors de rentrer dans les voies de la monarchie, le ministère s'en détourna plus que jamais. Tout fut mis en confusion au dedans comme au dehors. Ramassant de toute main des secours et des conseils révolutionnaires, M. Decazes en vint bientôt à prendre les royalistes en aversion, et à déchaîner contre eux la tourbe d'écrivains qu'il avait dressés pour ce genre de chasse. Tel était le désordre de ses idées, qu'il croyait sérieusement les décrier en les faisant appeler *hommes monarchiques*, et en les accusant de former un gouvernement occulte; comme si le sien eût été fier du privilége de les faire périr au grand jour.

Il ne fallut rien moins que l'effroyable catastrophe du 13 février 1820 pour mettre enfin à découvert les plaies que ce désastreux ministère s'efforçait de cacher. Le poignard de Louvel, en trahissant le secret des protégés, révéla aussi l'égarement d'esprit du protecteur.

C'était acheter bien cher la retraite du présomptueux ministre ; mais enfin il tomba ; et, absous pour cause d'incapacité, il emporta le titre de duc pour sa part de la calamité publique.

Afin de rendre à chacun ce qui lui appartient, disons que la seconde apparition de M. de Richelieu fut signalée par un trait d'énergie qui annonçait le repentir des faiblesses passées. Il laissa un grand bienfait et prépara un meilleur avenir par le changement qu'il introduisit dans la loi des élections. Mais, à cela près, tel était l'abîme de confusion où les ministres de 1821 trouvèrent les affaires du royaume. A peine les vit-on installés, qu'on feignit de leur attribuer la même puissance qu'à celui qui promit autrefois aux juifs de rebâtir en trois jours le temple de Jérusalem. Il est inutile d'observer que la faction qui insista le plus vivement sur ce miracle, fut celle qui savait le mieux en France combien d'années d'avenir de la monarchie venaient de périr d'avance dans les deux administrations de M. de Richelieu et de M. Decazes.

Toutefois, il est une chose que les écrivains révolutionnaires devraient avouer à la louange du ministère actuel ; c'est qu'il n'a pas eu la fausse honte de les acheter comme ils l'avaient été par ses prédécesseurs, et que la fureur qui les anime contre lui pourrait bien avoir commencé par là. On a beau être vertueux et incorruptible comme les chefs du *Constitutionnel*, il y a tel d'entre eux dont la conscience s'était peut-être accoutumée aux pensions de mille écus par mois, avec lesquels on la faisait taire. Les ministres qui ont succédé à M. Decazes ont mieux compris les intérêts de leur réputation. Ils ont senti que la place des vrais serviteurs de la monarchie est de rester sous le feu des révolutionnaires. Loin de payer pour le faire cesser, il y aurait, à coup sûr, plus d'honneur et d'avantage à payer pour l'entretenir. Si de pareils ennemis en venaient à aimer M. de Villèle seulement comme ils ont aimé M. de Richelieu, quel triste présage pour les hommes intéressés au maintien de l'ordre public et à la conservation de la cause monarchique! Prions le ciel de détourner ce malheur et de ne jamais permettre qu'on revoie en France des ministres que le parti révolutionnaire puisse laisser en repos.

QUATRIEME

INQUIÉTUDE RÉVOLUTIONNAIRE.

PLAIE DES ÉLECTIONS.

Aux yeux des ennemis du gouvernement royal, cette plaie ne pouvait manquer de paraître mortelle. Les espérances attachées pour eux au retour annuel de leurs saturnales, se trouvaient détruites, et leur impatience devait être grandement effrayée par sept années de chances de stabilité.

Aussi par combien de menaces et de cris séditieux les journaux révolutionnaires n'ont-ils pas protesté contre cette funeste innovation! A peine le bienfait de la licence leur eut-il été rendu, au commencement du nouveau règne, qu'ils en profitèrent pour demander immédiatement d'autres élections et une autre chambre des députés (1); car la chambre ac-

---

(1) *Constitutionnel*, 30 octobre 1824.

tuelle n'était, disaient-ils, que le produit de l'intrigue, de la fraude et de la corruption. Formée par la violence, les promesses et les menaces, elle ne représentait que l'avarice des électeurs, qu'on avait séduits par des emplois et de gros traitemens (1). Ils conseillaient ouvertement de ne plus la compter pour rien, ni elle ni le ministère, et de n'adresser désormais de vœux ou de plaintes qu'au roi et à la chambre des pairs. Enfin, partant du principe que c'en était fait des ministres et des députés, qui, à leurs yeux, n'avaient déjà plus d'existence légale, ils engageaient hautement les agens de l'administration publique à secouer le joug de l'obéissance et du devoir, et à ne point régler leur conduite sur la parole royale, qui avait dit: *Rien n'est changé* (2). Ils voulaient que ce fût à eux seuls que l'on s'en rapportât là-dessus, et ils répondaient des risques à toute la hiérarchie administrative qui voudrait se mettre provisoirement en insurrection.

Peu à peu les mêmes journaux devinrent encore plus scandaleusement séditieux et ré-

---

(1) *Constitutionnel*, 24 octobre.

(2) *Idem*, 24 et 30 octobre.

volutionnaires. Après avoir répété sous mille formules « que la chambre des députés ne re-» présentait que des intrigues; qu'elle ne de-» vait son origine qu'à des élections viciées, » qu'à des consciences mises à l'enchère et à » des influences corruptrices, » ils en vinrent jusqu'à insinuer que les contributions avaient cessé d'être obligatoires, *parce que le vote de l'impôt n'est libre qu'autant que les élections l'ont été* (1). Heureusement, cette provocation à la révolte ne fut pas entendue, ou plutôt le bon esprit de la nation fit repousser cet infernal conseil. Mais il est toujours bon de s'en souvenir, ne fût-ce que pour avertir la chambre des députés qu'un pareil débordement de licence a quelque chose de plus que l'inconvénient de porter atteinte à sa dignité. Sans doute, elle peut bien, comme les ministres du roi, attacher du prix à la haine et aux hostilités des ennemis de l'état. Elle peut se faire honneur des inquiétudes et des cruels déplaisirs qu'elle cause au parti révolutionnaire; mais je crains que cette satisfaction ne soit trop chèrement payée quand il faut, pour l'obtenir, se laisser traiter de génération am-

(1) *Constitutionnel*, 18 novembre 1824.

nistiée et vaincue qui profite de sa *supériorité législative* pour se venger sur les enfans, en 1825, d'avoir été battue par les pères en 1792 (1); quand il faut s'entendre dire qu'on ne forme plus qu'un corps établi à coups de circulaires, de faveurs, de menaces et de destitutions (2); qu'on n'offre plus qu'un spectacle dépourvu de toute dignité, où les grands intérêts nationaux sont opprimés par les intérêts individuels (3); qu'on est juge et partie *dans les deux chambres*, et qu'on en abuse pour acquitter une vieille lettre de change protestée (4); que c'est se faire adjuger à soi-même un notable accroissement de fortune dans cette *vaste curée de l'indemnité* qui ne soulage pas les autres souffrances (5); que chacun des députés n'est attentif qu'à une chose, qui est le mode d'indemnité le plus favorable à ses intérêts personnels (6) : que le milliard est destiné au *favoritisme*, et que la pudeur s'oppose à ce qu'il soit voté par une partie des

---

(1) *Courrier français*, 8 février 1825.

(2) *Constitutionnel*, 18 mars.

(3) *Journal du Commerce*, 11 mars.

(4) *Courrier français*, 5 janvier 1825.

(5) *Journal du Commerce*, 25 déc. 1824 et 5 janv. 1825

(6) *Courrier français*, 1er mars 1825.

deux chambres (1); que la chambre des députés est composée de manière à ce que ce soit presque dire : Il n'y aura d'indemnité que pour nous (2).

On ne prétend point ici fixer de bornes à la patience ni au mépris des injures. Il s'agit d'outrages qui, apparemment, ne sont point arrivés jusqu'à la hauteur où la dignité des chambres en pourrait être atteinte. Mais voici le point où commence pour nous le droit d'examiner ces offenses, parce qu'elles exposent l'intérêt que nous avons à la conservation de l'ordre social et au maintien de la paix publique ; c'est quand les révolutionnaires disent à la chambre des députés : Vous n'êtes point là de l'aveu de la nation ; c'est le ministère qui vous a faite, et qui vous a faite pour lui (3). Vous nous avez été imposée par des menaces faites à ceux qui vous ont élue (4). Les ministres ont usurpé les droits du peuple en employant la fraude et la violence pour vous substituer à ses élus (5). Vous ne représentez qu'un bureau

---

(1) *Constitutionnel*, 16 février 1825.

(2) *Courrier français*, 28 janvier 1825.

(3) *Constitutionnel*, 1er mai 1825.

(4) *Idem*, 31 décembre 1824.

(5) *Idem*, 8 novembre 1824.

du ministère formé pour sept ans par des manœuvres inouies (1).

N'est-il pas évident que partout où ces germes de révolution prendront racine, il y aura lieu à examiner si la chambre des députés est un pouvoir légitime ; si les impôts qu'elle vote sont légalement établis ; si les devoirs civils et les charges de l'état sont désormais obligatoires pour ceux qui croient qu'un des pouvoirs essentiels de la législation se trouve n'être qu'un bureau du pouvoir exécutif, qu'un usurpateur substitué aux vrais élus du peuple par la fraude et la violence ? Dans un tel désordre d'idées et à la faveur de ces audacieuses doctrines, si deux étendards ne sont pas déployés en France, si la guerre civile n'éclate pas de tous côtés, si les disciples du *Courrier* et du *Constitutionnel* ne courent point aux armes contre les bons citoyens, assurément personne ne dira que ce soit faute de matériaux pour composer des manifestes, et de prétextes pour colorer des révoltes. Or, c'est là ce que je prétends qui nous regarde dans les séditieuses protestations par lesquelles on attaque la source du droit et la légitimité de la chambre élective.

---

(1) *Courrier français*, 7 décembre 1824

Cependant, il faut l'avouer, malgré l'insolence et le caractère d'anarchie de ces outrages, il y a tel homme de goût qui aimerait peut-être mieux en être l'objet, que de recevoir sa part d'une apologie aussi malheureusement imaginée que celle qu'on va lire :

« La chambre des pairs est un amalgame de » tous les partis avec la confusion de leurs » principes et de leurs intérêts. C'est plutôt » un collége de tribuns inamovibles, ayant le » *veto*, qu'un corps aristocratique. Là sont » entassés pêle-mêle des hommes de l'ancien » régime, de la révolution et de l'empire, des » hommes de la restauration, moitié ministé- » riels, moitié libéraux (1). »

Or, imaginerait-on jamais que, de la part des écrivains révolutionnaires, ceci se trouve placé dans leurs journaux comme une douce flatterie pour la chambre des pairs, et par forme de reproche contre celle des députés? Par où l'on voit que leur beau idéal est toujours ce qui se rapproche de la confusion.

Telle qu'elle est, cette misérable apologie aurait pu se réparer par une réflexion toute simple : c'est qu'à l'œuvre on ne voit rien qui

(1) *Courrier français*, 7 décembre 1824.

se ressente, dans la chambre des pairs, de cette espèce de galimatias politique; c'est que cette prétendue confusion d'intérêts et de principes n'y résiste nullement au besoin de l'ordre, au sentiment du bien public et à la conscience du devoir, et que l'air qu'on y respire suffit apparemment pour corriger toutes les vieilles aberrations de l'esprit individuel. Mais les écrivains anti-monarchiques se gardent bien d'annoncer d'aussi tristes vérités au malveillant auditoire et aux rêveurs d'anarchie qui les écoutent. Ils craignent trop de les désenchanter et d'affaiblir les espérances de désordre dont ils ont à nourrir la pensée de leurs fidèles. Ils sont sûrs de se rendre bien autrement agréables en cherchant à persuader que la chambre des pairs est un collége de tribuns du peuple, moitié ministériels, moitié révolutionnaires, et dans lequel tous les partis peuvent venir, quand bon leur semblera, choisir leur bannière et leur couleur. Heureusement, si de faux calculs venaient à s'établir sur des données pareilles, les consequences n'en seraient à craindre que pour les mauvais citoyens.

Ce qui nous importe à nous, c'est de rester assurés, comme nous le sommes, que, dans toutes les questions où il s'agira de frapper fort sur l'esprit révolutionnaire et de maintenir ce qui est établi ou ce qui pourra l'être sous le gouvernement légitime des Bourbons, les sentimens se trouveront partout en harmonie avec les dernières élections, et que nulle part on ne voudra être moins royaliste que la chambre des députés. Quand nos fauteurs de sédition et de discorde sauraient manier la flatterie avec plus d'art; quand leurs louanges seraient aussi convenables qu'elles sont de mauvais goût, ce qu'ils nomment un collége de tribuns ne deviendra jamais une cour d'appel favorable à l'esprit de haine et d'offense qui les anime contre la chambre élective. De tous les refuges qu'ils peuvent chercher, celui-là est, sans contredit, le plus mal choisi et le plus mal assuré. C'est ce qu'ils apprendront peut-être plus tard, lorsqu'ils auront tout-à-fait comblé la mesure de la licence, et que leurs fureurs révolutionnaires auront allumé assez de feu dans le royaume pour forcer de recourir à la vigueur des pouvoirs qui veillent au salut de l'état.

CINQUIEME

INQUIÉTUDE RÉVOLUTIONNAIRE.

PLAIE DES FINANCES.

Je ne sais point disséquer les questions de finances pour en extraire des volumes de subtilités et d'arguties, mais j'entends fort bien le débat qui s'est élevé, au sujet du milliard, entre l'esprit de la restauration et l'esprit de la révolution.

L'esprit de la révolution a dit : Respectez mes violences, mes proscriptions et mes confiscations. Consacrez, en tout point, mes principes et mon ouvrage. J'ai besoin de me maintenir dans la confiance de ceux que je travaille encore à égarer, et de donner force à mes doctrines. Je ne puis rien promettre qu'aux dépens d'autrui, et je n'ai que des perspectives de spoliation à offrir pour encouragement. Si vous me chicanez sur le passé, mes partisans craindront qu'on ne les chicane sur l'avenir, et il en résultera des conséquences fâcheuses pour les nouvelles entreprises que je pourrai méditer. Ce n'est pas que plaie d'argent me paraisse mortelle. Je l'ai fait voir en supportant, sans réclamation ni doléance aucune, les trois milliards de charges et de sacrifices dont la France a payé les cent derniers jours de Bonaparte. Mais la chose était bien différente : il s'agissait de faire triompher des *articles additionnels* qui dépouillaient les Bourbons à perpétuité de la plus ancienne couronne de l'univers. Loin de nuire à mes principes, ces trois milliards ne servaient qu'à les fortifier; et aussi ne m'a-t-on pas entendu marchander là-dessus; mais désapprouver mes spoliations au point d'y vouloir remédier! se permettre de retoucher mes œuvres et de les corriger! rendre du bien envahi par des voies de fait révolutionnaires! le rendre à des serviteurs du trône, à des amis de la royauté, voilà qui crie vengeance, et ce que jamais je ne pardonnerai.

L'esprit de la restauration a dit : Je ne viens point abaisser ce qui s'est élevé, et toutes les existences acquises sont consacrées; mais qu'il me soit permis de plaindre les disgrâces imméritées et les existences injustement détruites. Pendant vingt-cinq ans, presque tous les chemins ont conduit à la fortune ; un seul a conduit à la misère : c'est celui du devoir et de la fidélité. La révolution a été richement dotée ; l'usurpation a trouvé de grandes largesses et des prodigalités pour ses serviteurs. La royauté, victorieuse, ne les imitera point en offrant aux siens la dépouille des vaincus ; elle se borne à redemander pour eux une partie de leurs propres dépouilles.

Le ministère, chargé d'accomplir ce vœu si modéré de la restauration, s'est attaché à le restreindre encore et à le tempérer dans son exécution. Après avoir réduit à un milliard des biens dont la valeur s'est accrue de moitié, et à rien du tout leur revenu de trente-quatre années, il a trouvé moyen d'acquitter avec trente millions une charge que tous les calculs portaient à cinquante. Soudain on a vu s'élever une tempête révolutionnaire à laquelle sont venues se mêler toutes les vanités politiques et financières, toutes les irritations de l'orgueil, toutes les envies qui cherchaient un prétexte et un manteau pour se couvrir. On a eu l'air d'oublier que les prédécesseurs de ce même ministère ne trouvaient naguère qu'un seul moyen d'emprunter mille francs de capital, lequel était de charger pour cela le grand-livre d'une rente de soixante-dix à soixante-quinze francs. On a découvert apparemment qu'il y a moins d'économie et d'habileté dans une combinaison où l'état s'en trouve quitte pour dix écus; mais toujours demeure-t-il constant que, malgré ce milliard de charges nouvelles, les valeurs du grand-livre en sont venues à dépasser le pair; que cet honneur était réservé à celui de tous les ministères sous lequel la dette publique s'est élevée le plus haut, et qu'en dernier résultat, cette plaie de finances dont on fait tant de bruit ne cause pas la moindre inquiétude à ceux qui crient le plus fort.

Dans toute cette affaire, on ne voit réellement que les révolutionnaires qui aient de la franchise. Ils trouvent que le milliard blesse leurs principes, et ils ont raison. Le métier valait mieux avant cette espèce de restitution, qui est toujours une chose désobligeante et propre à refroidir le zèle. C'est un reproche qui s'adresse à l'esprit de spoliation et de proscription dont ils ont besoin pour fortifier leurs promesses et entretenir l'émulation dans leur parti. Mais à cela près ils ne chicanent point, sur les chiffres; il n'y a que la révision des comptes qui les chagrine; et dès qu'on fait tant que de relever une erreur dans leurs calculs, peu importe qu'elle soit d'un milliard ou d'un million. C'est la perte du principe révolutionnaire qui est la vraie plaie; tout périt pour eux sans la reconnaissance du droit de spoliation.

SIXIEME

INQUIÉTUDE RÉVOLUTIONNAIRE.

PLAIE DE LA POLICE.

Sous la police des ministères précédens, *l'agitation marchait*, comme le dit un jour je ne sais quel orateur dans la chambre des députés. On conspirait à l'aise et on conspirait souvent. De Colmar à La Rochelle, de Saumur à Vincennes, l'esprit de révolte et de défection se montrait, pour ainsi dire, à visage découvert. Un mécontent à demi-solde pouvait prendre la diligence et aller troubler à main armée le repos d'une province. Des disputes de spectacles, le caprice séditieux d'une école militaire ou les mauvaises dispositions d'une école civile suffisaient pour produire de sérieuses agitations politiques. Enfin la surveillance de ce tems-là faisait si peu d'impression, qu'en exécutant aux portes de l'Opéra le plus éclatant des crimes, on calculait ses moyens de retraite, et que, sans l'intervention d'un garçon limonadier, personne ne se serait trouvé là pour s'y opposer.

La police d'alors n'excitait point la mauvaise humeur de nos écrivains révolutionnaires. Chaque matin elle pouvait lire tous leurs journaux sans craindre d'y rencontrer un mauvais compliment, ou aucune réflexion désobligeante pour elle. Ils sentaient qu'elle leur convenait, et qu'à force de laisser les tentatives se multiplier contre la sûreté du royaume, elle finirait par quelque chose de définitif qui satisferait leurs espérances.

Il paraît que dès le principe les révolutionnaires s'aperçurent qu'ils ne trouveraient pas le même compte avec la police du ministère actuel; car ils l'ont toujours haïe avec une franchise et une persévérance qui seraient capables, à elles seules, d'établir la plus brillante réputation de savoir administratif. A la vérité, ils prétendent l'avoir surprise dans des négligences sur le balayage des rues et l'enlèvement des glaces de nos boulevarts. Ils ont également trouvé à la chicaner sur quelques brevets retirés à des libraires repris de police correctionnelle, sur des pensions qu'elle a fait supprimer à deux de leurs frères, sur l'arrestation d'un voyageur que leurs certificats de civisme n'avaient point suffisamment recommandé auprès de la Sainte-Alliance; enfin sur la destitution d'un notaire de province, qui soignait moins son étude que ses intrigues politiques.

Quoique ces griefs aient suffi pour alimenter long-tems les journaux de la discorde, il est assurément très-fâcheux que la police du royaume ne leur ait pas fourni plus de textes de déclamation dans ces divers genres. Si elle pouvait faire fermer boutique à tous les marchands de licence et de sédition, retirer les pensions à tous les ingrats que nourrit la main royale, et remplacer les mauvais serviteurs de la couronne par des hommes plus dignes de sa confiance et de ses bontés, à coup sûr les choses n'en iraient pas plus mal dans le royaume. Mais ce n'est point à elle que la vigueur manque; c'est à cette législation timide qui craint pour ainsi dire de sauver l'état sans la permission des principes que les ennemis de l'état invoquent pour le perdre.

Du reste, contentons-nous de savoir et de déclarer au parti révolutionnaire que le balayage des rues nous paraît beaucoup moins important que le balayage des complots et des conjurations dont le ministère actuel nous a débarrassés. C'est depuis qu'on le querelle tant sur l'enlèvement des boues et des gravures, qu'on a cessé d'entendre dire que *l'agitation marche* et que la rébellion lève le front dans les provinces, comme dans les garnisons. Or, plus il est vrai que ce changement s'est opéré en effet dans la marche des choses, moins nous devons partager l'inquiétude révolutionnaire qu'il a produite.

Après avoir indiqué les principales maladies que nous n'avons pas et dont les ennemis du trône affectent de s'inquiéter, parlons aussi un peu de celles que nous avons réellement, et dont ils ont grand soin de ne dire mot.

PREMIERE

INQUIÉTUDE DES GENS DE BIEN.

PLAIE DE LA LICENCE.

« Les journaux sont le véhicule le plus actif » de l'opinion. Puissance nouvelle, ouvrage » d'une civilisation toute nouvelle, ils sont les » moyens du plus grand bien ou du plus grand » mal (1). »

Tel est le jugement porté par celui de nos journaux qui est le *véhicule le plus actif* des idées révolutionnaires. Or, à coup sûr, *le Constitutionnel* n'a point entendu s'appliquer à lui-même le mauvais côté de son aphorisme; et on peut parier qu'il ne croit pas avoir choisi la route qui conduit au plus grand mal. Je lui accorde ce point sans difficulté, parce que

(1) *Constitutionnel*, 27 janvier 1825.

l'erreur se présume plutôt que la malveillance. Ainsi, partons de là ; et, en considérant ce journal comme modèle de ce que la liberté de la presse peut produire de mieux, voyons en quoi consiste le plus grand bien qu'on puisse attendre de ce fameux *véhicule*.

Attachons-nous, dans cet examen, aux trois objets les plus essentiels et les plus considérables de l'ordre social, qui sont la royauté, la religion et l'esprit public. Cherchons de bonne foi ce qu'ils gagnent séparément à ce que les journaux révolutionnaires soient chargés de leur faire le plus grand bien possible.

Part de la royauté dans le bienfait de la liberté de la presse.

Dès les premiers jours du rétablissement de la licence, les écrivains révolutionnaires s'adressent familièrement à la royauté, et la pressent de leur rendre ses comptes. Des conseils sévères, accompagnés de reproches et de menaces, lui sont prodigués par eux. Donnez-nous sur-le-champ, lui disent-ils, toutes les conséquences de vos promesses : un autre jury, d'autres municipalités, une autre garde nationale, d'autres juges de paix, d'autres universités et d'autres professeurs (1). Que tout soit inamovible et indépendant de vous, afin qu'il n'y ait plus une seule institution ni un seul individu qui ne puissent vous braver, sans craindre que votre pouvoir les atteigne. Si vous ne voulez pas qu'on vous accuse de manquer de loyauté, sacrifiez nous à l'instant vos ministres (2); car, à cette marque seule, nous reconnaîtrons la sincérité de vos promesses et l'intention *réelle* d'apporter du soulagement aux maux de la France (3). Et n'allez pas vous y tromper; les nouveaux ministres que nous attendons pour régler désormais les affaires de la monarchie doivent être choisis dans nos rangs et sous notre bannière (4). Puis, rappelez-vous, en passant, que vous avez dit : *plus de hallebardes;* et que, par là, nous avons entendu : *plus de gendarmes* (5).

Cependant un mois se passe, et la grande réforme révolutionnaire n'arrive point, comme les journaux du parti l'ont demandée. Leur impatience s'en irrite, et leur insolence s'en

---

(1) *Constitutionnel*, 1er novembre 1824

(2) *Idem*, 3 novembre.

(3) *Idem*, 28 octobre 1824.

(4) *Journal du Commerce*, 26 octobre.

(5) *Idem*, 20 octobre.

accroît. Ils menacent d'examiner si la fermeté des caractères est au niveau de la bonté des cœurs (1), c'est-à-dire si la royauté entend ou non sacrifier ses amis à ses ennemis. A peine veulent-ils lui donner le tems d'y réfléchir ; et, au bout de deux jours, ils en viennent jusqu'à lui appliquer cet injurieux dilemme : Quand c'est avec raison que les rois s'obstinent à garder des ministres, cela peut s'appeler du *caractère ;* mais quand c'est à tort, ce n'est plus que de *l'entêtement* (2).

Un peu plus tard la patience leur échappe encore bien autrement. La session s'ouvre ; c'est un spectacle imposant pour quiconque y assiste avec le respect dû aux grandeurs politiques qui régissent l'ordre social. Mais loin que la présence des chambres et l'éclat de la majesté royale modèrent la fougue révolutionnaire qui les emporte, on dirait que la vue de ce faisceau monarchique ne fait que produire sur eux une nouvelle crise de haine et de fureur. Le discours du trône est indignement parodié et persifflé par eux. Ils n'y voient, disent-ils, qu'un engagement pris par le roi

---

(1) *Constitutionnel*, 1er novembre.

(2) *Idem*, 3 novembre

de faire la guerre aux dévots et au pape; de préférer les hommes de la révolution aux hommes de la monarchie; de remplacer les établissemens religieux par des sociétés philantropiques, et d'acquitter avec sa liste civile le milliard d'indemnités demandé pour les victimes des confiscations révolutionnaires (1).

A partir de là, il ne se passe presque plus un jour sans que la royauté s'entende sommer par quelque insolent *ultimatum* d'avoir à fournir ses garanties, et d'accepter, pour ainsi dire, la ciguë qu'on lui présente de la part de la révolution. « Plus de phrases, mais des faits, » s'écrie-t-on; plus de mots retentissans, mais » des œuvres. A force de faire le lendemain » le contraire de ce qu'on a dit la veille, on » ôte tout crédit à ses paroles (2). » Ce qui veut dire : Nous vous avons prêté l'intention de réhabiliter le vieux système révolutionnaire et de vous laisser gouverner aveuglément par le génie qui a tué la monarchie de Louis XVI. Hâtez-vous de remplir notre attente et de vous livrer entre nos mains, sans quoi nous déclarons vos paroles trompeuses, et nous enten-

---

(1) *Constitutionnel*, 24 décembre.

(2) *Idem*, 25 décembre.

dons que toute confiance leur soit désormais retirée.

Outrés, à la fin, de voir que la royauté ne veut point tomber dans les piéges qu'ils lui tendent, ils en viennent jusqu'à lui dire que le peuple anglais fait très-bien *de se moquer du principe monarchique* (de la légitimité) et de toutes les Saintes-Alliances qui le soutiennent (1). Puis ils la traduisent devant ceux qu'ils appellent les *malheureux contribuables*, pour entendre discuter le côté positif du luxe monarchique dont ils paient les frais, et pour écouter ce verset de la Bible, qu'ils ont eu le bonheur de rencontrer dans leur bienveillance pour les rois : « Samuel dit aux Israélites » qu'un roi prendra leurs enfans pour con- » duire ses chariots; qu'il leur fera payer la » dîme de leurs récoltes, et prendra ce qu'il » y a de meilleur dans leurs champs (2). » Et comme s'ils craignaient que tout cela ne fût pas assez bien compris pour populariser la royauté en France, un autre journal se fait une perfide joie d'observer que le gouvernement des Etats-Unis d'Amérique coûte trente

(1) *Constitutionnel*, 6 février 1824.

(2) *Idem*, 19 mars.

fois moins que celui de Charles X, et que cependant (1).... Mais ne portons point atteinte aux droits des journaux révolutionnaires. On leur a permis de servir la monarchie comme ils l'entendraient, et c'est ainsi qu'ils l'entendent.

Pour les organes de l'anarchie qui tiennent à prouver que la liberté de la presse est entre leurs mains le *véhicule* du plus grand bien possible, le sacre du Roi a été un événement des plus heureux et une sorte de bonne fortune. Non-seulement le sceau de la religion n'a point contribué à protéger la majesté royale contre leurs atteintes ; mais il n'a servi qu'à faire ressortir leur profond mépris pour les grandeurs du ciel et de la terre. « Toutes » ces solennités des cours, ont ils dit, toutes » ces pompes *théâtrales*, n'inspirent désor» mais à des spectateurs désenchantés que le » dédain et la pitié. Nous voyons toujours le » faible de celui qui n'est rien, et qui prétend » se faire grand (2). » D'après une autre feuille, qui ne voit non plus dans cette cérémonie que des *fraudes pieuses* et des *miracles*

(1) *Courrier français*, 17 avril.

(2) *Journal du Commerce*, 24 mars 1825

suspects, les seules approches du sacre ont suffi pour causer un préjudice considérable à la royauté; car en parcourant, le 12 avril, les quartiers les plus populeux de sa capitale, Charles X a dû s'apercevoir du refroidissement des cœurs (1). Une chose bien plus étonnante, à mon avis, que ce refroidissement, c'est qu'au bout de six mois de licence plénière, il puisse rester des applaudissemens pour les princes qui ont donné à leurs ennemis la permission de travailler uniquement à éteindre les sentimens d'amour et de respect de leurs sujets.

Au reste, les journaux révolutionnaires paraissent tenir beaucoup à ce que personne n'ignore l'état de défaveur où ils se flattent d'avoir mis la royauté. *Le Constitutionnel* revient et insiste là-dessus, comme un triomphateur qui veut ramener l'admiration sur ses exploits. Les cœurs n'étaient que refroidis le 12 avril, et cela suffisait déjà pour lui causer une vive satisfaction. Mais, huit jours après, quel surcroît de ravissement! Il ne reste plus au roi qu'un *silence respectueux* (2) qui, sans

(1) *Constitutionnel*, 15 avril.
(2) *Idem*, 21 avril.

doute, lui permet encore de passer, mais qui est du meilleur augure pour le bienveillant auditoire à qui cette bonne nouvelle est annoncée.

Un autre journal est encore plus heureux. Voici en quels termes il apprend à ses lecteurs que l'enfer a couronné les travaux révolutionnaires : « Quand le roi paraît au milieu » de son peuple, on se contente de le laisser » passer avec son cortége. Une *solitude peu-* » *plée* et un *silence parlant* l'avertissent qu'il » a perdu l'opinion souveraine et toute-puis- » sante, qui juge les pairs de France, les ma- » gistrats et les princes (1). »

Telles sont, pour la royauté, les principales marques de reconnaissance qu'elle a trouvées auprès des écrivains révolutionnaires, pour avoir créé en leur faveur cette *puissance nouvelle, ouvrage d'une civilisation toute nouvelle, qui leur procure les moyens de faire le plus grand bien*, et le plaisir d'en remercier les Bourbons de la manière que l'on vient de voir.

(1) *Courrier français*, 17 avril.

Part de la religion dans le même bienfait.

On se trompe si l'on imagine que la jurisprudence d'une cour royale a décidé du sort de ce chapitre. C'est précisément parce qu'elle n'a rien trouvé à punir dans la licence irréligieuse des journaux, qu'il faut frémir de la gravité d'un pareil mal, et s'inquiéter de le voir sortir à grands flots d'une source que la justice se déclare dans l'impuissance de fermer ; car il s'ensuivrait qu'il découle d'une législation vicieuse, qui laisse la jurisprudence désarmée en présence des scandales les plus déplorables et des dangers les plus imminens.

On demande où est le peuple gouverné seulement d'après l'instinct commun de la morale, et protégé par quelques formes de civilisation, chez lequel les magistrats, les pères de famille et les bons citoyens ne fussent pas effrayés de ces seuls principes, posés en vingt endroits par nos écrivains révolutionnaires? *La source des sentimens religieux est tarie dans les cœurs. C'est par réflexion que le peuple est devenu irréligieux. On perd son tems à vouloir désormais le persuader en matière de religion.*

Qu'ici l'on ne cherche point de misérables subtilités et d'hypocrites distinctions entre l'église de Rome et l'église gallicane, entre la religion du pape et celle du roi de France. Vous voyez bien qu'il ne s'agit plus seulement des formes, mais du fond ; que c'est le temple même qui s'écroule tout entier sous la mine révolutionnaire. Quand on déclare que c'est par réflexion qu'on est irréligieux, et qu'on perdrait désormais sa peine à vouloir persuader le peuple en matière de religion, il n'y a plus à disputer sur les nuances. Toute croyance a péri sans ressource ; on n'a de foi ni à Rome, ni à Genève, ni à la Mecque.

Ceux qui ont écrit les sinistres lignes qu'on vient de lire, et prononcé ainsi l'arrêt de notre mort sociale, consentent évidemment, par là même, à passer pour des fourbes et des hypocrites toutes les fois qu'ils oseront prononcer le nom d'une morale ou d'une religion quelconque : ils ont perdu le droit d'en parler. Ainsi, quand ils vous proposent de quitter l'église catholique pour les temples de Luther et de Calvin (1), c'est un acte purement séditieux qu'ils vous conseillent, sans aucun

(1) *Constitutionnel*, 23, et *Courrier français*, 26 octobre.

autre motif de préférence. Quand ils se déclarent pour le clergé des campagnes, ce n'est de leur part qu'une façon de se déclarer contre celui des villes. S'ils louent des curés, c'est toujours dans la vue de tuer des évêques. S'ils feignent d'honorer le manteau de Bossuet et de Fénélon, c'est pour s'en faire devant les tribunaux une sorte de cotte d'armes à travers laquelle les coups de la justice ne puissent passer.

Oui, du moment où l'on en vient à professer que la source des sentimens religieux est tarie, et qu'il n'y a plus moyen de rétablir une croyance, tout est dit et tout est là. Il n'y a pas jusqu'à l'existence de Dieu qui ne soit perdue sous cette vaste ruine; et l'on n'est plus que de la matière à révolutions.

Naturellement ceci force d'ouvrir les yeux et de faire une remarque à laquelle on n'aurait peut-être pas songé sans cette effroyable déclaration. Voilà des hommes, se dit-on à soi-même, qui veillent avec une grande attention à ce que la religion de l'église gallicane ne reçoive aucune atteinte ni aucun alliage. Ils s'intéressent vivement à ce que nous fassions notre salut avec Bossuet ou avec Calvin, et ils ne craignent rien tant que de voir le véritable esprit de l'Evangile s'altérer par des idées ultramontaines. Mais lorsqu'ils se sont donné des peines infinies pour nous indiquer les bonnes routes et les bonnes doctrines, pour nous avertir de ce qui est selon la loi ou contre la loi, pour nous apprendre ce qu'il faut repousser ou préférer dans les diverses théologies, il se trouve que tout à coup il n'y a plus rien de bon ni de mauvais, plus d'église gallicane ni d'église romaine, plus de Bossuet ni de Luther, plus de croyances ni de religion d'aucune espèce. C'est ce beau résultat qui me conduit à en deviner un autre du même genre, qui pourrait bien ne pas tromper ma conjecture. Je la consigne ici pour y attendre l'événement.

Vous savez que ces mêmes docteurs en théologie sont aussi des professeurs de politique. Or, observez qu'en cette dernière qualité ils paraissent affectionner vivement la *royauté constitutionnelle.*

La royauté constitutionnelle est l'objet particulier de leurs vœux, de leurs pensées et de leur culte. Ils ont fort à cœur de la voir triompher de toutes ses rivales. Enfin que ne disent-ils pas de la royauté constitutionnelle et de ses perfections? Eh bien! voulez-vous savoir ce que je crains? c'est qu'elle ne soit pour eux en politique ce que l'église gallicane est en religion. A l'égard de ce dernier point, ils avouent qu'ils ne croient à rien du tout, et qu'il n'existe aucun moyen de les persuader. S'ils n'ont pas encore la même franchise à l'égard de la *royauté constitutionnelle*, soyez sûrs que cela viendra plus tard, et qu'après avoir rompu autant de lances pour elle que pour la religion de Bossuet et des curés de campagne, ils finiront par cette autre déclaration : « La source des » sentimens de fidélité est tarie dans les cœurs. » C'est par réflexion que le peuple est devenu » révolutionnaire. On perd son tems à vouloir désormais le persuader en matière de » royauté. »

Comme cependant je ne veux point me donner pour plus grand prophète que je ne le suis, je vais répandre dans le chapitre suivant quelques uns des traits de lumière qui ont servi à m'éclairer dans mes conjectures.

Part de l'esprit public dans le bienfait de la liberté de la presse.

« Le genre humain est dans une progres-
» sion ascendante, et ne s'arrêtera qu'au
» terme (1). »

Cette promesse du *Constitutionnel*, envoyée le 1er janvier à ses lecteurs, pour leurs étrennes de 1825, m'est toujours restée dans l'esprit. Si le rétablissement des Bourbons et le triomphe de la légitimité monarchique étaient le terme de la *progression ascendante*, il est clair, me suis-je dit souvent, que le *genre humain s'arrêterait*. Il paraît que nous n'en sommes pas là encore, puisque, d'après *le Constitutionnel*, qui doit être dans le secret de bien des choses, le mouvement d'ascension continue.

Toutefois sa prédiction n'aurait pas dû me surprendre : quelques jours auparavant, deux de ses collègues en révolution avaient presque tenu le même langage. Le premier, pour exhorter ses lecteurs à la patience, leur avait dit : « Il ne faut point désespérer de voir un

(1) *Constitutionnel*, 1er janvier 1825.

» jour une nation grave, pénétrée de ce qu'elle » *veut*, et le demandant *avec cette force de* » *persuation à laquelle aucun gouvernement* » *n'a jamais résisté* (1). » L'autre avait également rassuré son parti, en observant que les peuples forment une puissance qu'*on ne peut vaincre toujours* (2), et que par conséquent une bataille perdue contre la royauté ne décidait point la question.

Ainsi, le même espoir révolutionnaire se révélait de tous côtés, et servait de nourriture à l'esprit public. A la face des Bourbons, qui venaient de rendre à leurs ennemis la parole du reproche et de l'outrage, on plaignait la révolution d'avoir été détrônée pour eux. On observait que c'étaient là de fâcheux *retours*; expression qui probablement n'était pas choisie sans dessein. On osait se consoler de ces fâcheux *retours* en disant : Les principes de la révolution survivent ; seulement quand triompheront-ils (3)!

Si l'on pouvait suivre jour par jour nos écrivains anti-monarchiques, combien ne ra-

---

(1) *Journal du Commerce*, 13 décembre.

(2) *Courrier français*, 20 décembre.

(3) *Constitutionnel*, 20 décembre.

masserait-on pas, derrière eux, de traits et de matières combustibles préparés pour les jours de désolation qu'ils se promettent! Suivant un de leurs journaux, les républiques du Nouveau-Monde ont pour alliés *les peuples et le tems* (1) ; suivant un autre, « *le parti de la* » *fidélité* a pour lui, en France, les partisans » de la traite des nègres et Papavoine (2). »

Au milieu de ce concert de menaces et d'espérances factieuses, la voix du *Constitutionnel* domine et appelle tous les secours dont la discorde peut disposer en faveur des ennemis de la royauté. L'Angleterre, s'écrie-t-il, n'a qu'un mot à dire, qu'un geste à faire pour affranchir les nations que les baïonnettes ont remises sous le joug (3); et, afin de l'engager à dire ce mot ou à faire ce geste, il lui promet toutes les forces révolutionnaires de l'Europe pour cette bonne œuvre. Une chose, il est vrai, l'afflige profondément : c'est que « les » fidèles n'osent plus approcher de l'église » depuis que le bourreau a été constitué le » protecteur du sanctuaire (4). » Mais, pa-

(1) *Journal du Commerce*, 13 mars.

(2) *Courrier français*, 4 mars.

(3) *Constitutionnel*, 28 mars.

(4) *Idem*, 2 avril.

tience! patience! « la première guerre de la » Sainte-Alliance contre les principes qui s'é» tablissent partout, sera aussi la dernière (1).
» Les protestations de l'opposition dans l'af» faire de l'indemnité porteront un jour d'heu» reux fruits (2). »

Aux cris de discorde du *Constitutionnel*, ses alliés répondent par ces paroles de conso» lation : « On se *repentira* peut être un jour » de cette paix qui favorise la communication » des idées (3). » Et remarquez bien que le mot *paix* ne saurait être placé ici que comme synonyme de la liberté de la presse, puisque, sans elle, il n'y a ni paix ni guerre où la communication des idées révolutionnaires puisse être sujette à *repentir*.

« En France, dit le même journal, le gou» vernement recule et le peuple avance. C'est » pour le gouvernement que cette position » n'est pas tenable (4).

» La voix de la liberté qui s'élève du sein » des républiques d'Amérique se fait entendre

---

(1) *Constitutionnel*, 30 mars.

(2) *Idem*, 13 mars.

(3) *Journal du Commerce*, 4 février.

(4) *Idem*, 5 mars.

» à vingt peuples de l'Europe *qui la compren-* » *nent.* La démocratie, instruite et agissante, » déborde de toutes parts. La force des peu- » ples est irrésistible ; mais ils n'ont pas be- » soin d'y recourir. Quand on sait que chaque » chose sera *bientôt* mise à sa place, est-ce la » peine de faire usage de sa force pour n'arri- » ver qu'un peu plus vite (1)!

» L'autorité nous laisse sans appui, tandis » qu'il suffirait d'une volonté ferme et d'une » mâle résolution *pour nous sauver nous-* » *mêmes* (2). »

Il est vrai que « l'inflexible principe mo- » narchique (la légitimité), cette idole qu'il » faut honorer par tant de sacrifices, ne se » peut défendre qu'aux dépens des premiers » intérêts de la nation (3). » Mais tout n'est pas perdu pour cela. « L'Angleterre, plus sage » que la France, sait se rendre étrangère aux » doctrines *descendues d'en haut* (4). » Outre que ce grand exemple soulage la pensée et laisse de l'espoir, n'oublions pas *que la légi-*

(1) *Journal du Commerce*, 17 avril.

(2) *Idem*, 21 avril.

(3) *Idem*, 12 avril.

(4) *Courrier français*, 21 février

timité des trônes est moins ancienne que la légitimité des peuples (1). Puis voici de quoi embellir encore l'avenir révolutionnaire : « Dans l'intérieur des familles on se console » à huis clos, par le souvenir de la *Marseil-* » *laise*, qui, de génération en génération, ré- » veillera les rois en sursaut (2). » Cependant, pour abréger les affaires, il y aurait un parti à prendre : « Si nous faisions bien, nous imite- » rions Carthage, en armant contre la Sainte- » Alliance (dont la France fait partie) les bras » qu'elle nous a forcés de désarmer. Comme » Carthage, nous vendrions cher notre déses- » poir (3). »

Comme j'écris pour les gens de bien, qui n'ont pas besoin d'être convaincus plus qu'ils ne le sont, je suis dispensé de multiplier ces horribles citations. J'ai assez reproduit de traits de malveillance, de pensées révolutionnaires et de présages sinistres, pour faire comprendre ce que la royauté, la religion et l'esprit public ont dû perdre de forces vitales sous les coups de la liberté de la presse. Exa-

---

(1) *Courrier français*, 26 mai.

(2) *Journal du Commerce*, 6 mai.

(3) *Idem*, 24 mai.

minons maintenant la question dans son ensemble.

De la liberté de la presse, en thèse générale.

Je m'en tiens à la définition qu'en a donnée le *Constitutionnel:* c'est une puissance nouvelle, ouvrage d'une civilisation toute nouvelle, qui renferme le plus grand bien ou le plus grand mal.

Quand il s'agit d'une puissance aussi considérable, et qu'elle est nouvelle dans une civilisation, rien n'est plus important à coup sûr que de savoir si elle se dirige vers le plus grand mal ou vers le plus grand bien. Et jusqu'à ce qu'on soit assuré que ce n'est pas vers le plus grand mal, il me semble qu'on doit être fort inquiet et fort attentif Pour procéder à cet examen, voici la méthode la plus simple que je connaisse :

Ce que le parti révolutionnaire considère comme le plus grand bien, c'est la subversion de la monarchie et le triomphe des principes qui ont déjà renversé deux fois le gouvernement des Bourbons. Or, si l'on en juge par la joie qu'il ressent de se voir armé en guerre sous le drapeau de la liberté de la presse, il est évident que c'est à elle seule qu'il demande les facilités dont il a besoin pour atteindre son but. D'un autre côté, vous voyez toutes les classes morales et honnêtes de la nation s'accorder, comme par un pressentiment sinistre, à repousser le fléau qui ravage à la fois la religion et la monarchie, et qui menace d'entraîner la génération nouvelle dans des voies où tout son avenir s'abîme d'avance sous l'horizon des révolutions.

Cela suffit pour qu'on sache à quoi s'en tenir sur la *puissance* qui renferme le plus grand bien ou le plus grand mal : c'est le plus grand mal qu'elle nous apporte. La satisfaction et les espérances du parti révolutionnaire le prouvent tout aussi bien que les inquiétudes et l'affliction des honnêtes gens.

Mais je connais un autre argument auquel je défie qu'on puisse opposer quelque chose de raisonnable : il consiste à faire remarquer simplement qu'entre le plus grand bien et le plus grand mal dont on nous parle, il n'existe absolument aucune proportion, c'est-à-dire que le grand mal est véritablement une plaie très-grave, tandis que le grand bien se trouve n'être que d'une très médiocre valeur. Jusqu'où, en effet, celui-ci peut-il s'étendre? pas plus loin, ce me semble, qu'à donner aux rois et aux ministres des leçons que, fort heureusement, ils n'écoutent guère; qu'à ramasser de tous côtés des reproches et des accusations qui se perdent dans les airs; qu'à provoquer des changemens et des destitutions, qui n'arrivent point; qu'à redemander des places et des pensions pour des gens auxquels on ne les fait pas rendre. Il est vrai qu'on a le plaisir de faire du bruit, et de livrer de tems en tems quelques petits scandales au bras séculier des salons et des cafés. Il est vrai encore que l'on connaît deux journaux qui gagnent, par année, à ce métier-là, une centaine de milliers d'écus. Mais retranchez ces cent mille écus du bien effectif que les travaux des écrivains révolutionnaires peuvent produire en France, et je vous défie de montrer un avantage qui vaille la peine d'être acheté par un seul inconvénient politique, par une seule minute d'agitation ou d'inquiétude.

Voilà donc le *maximum* du bien que le *véhicule*, si fièrement décrit par le *Constitutionnel*, peut nous procurer. A présent, voici le *maximum* du mal. La monarchie ébranlée; la légitimité des Bourbons compromise et tournée en ridicule; la religion frappée à mort, déclarée impossible et niée jusque dans le fait de son existence; le besoin du scandale et de la diffamation introduit dans nos mœurs; notre caractère national altéré par l'esprit de dispute et les haines de parti; le repos de l'état continuellement exposé aux orages de la sédition et de la révolte; le gouvernement royal menacé, au nom des républiques du Nouveau-Monde, et sommé, pour ainsi dire, de rendre à la révolution les conquêtes dont il l'a chassée; en un mot, tous les principes d'ordre public attaqués et méconnus; l'esprit de la jeunesse échauffé par des doctrines incendiaires; toutes les passions remuées; toutes les pensées perverties et séduites par l'attrait de la nouveauté; le feu des révolutions publiquement attisé par la licence et prêt à se rallumer de toutes parts, telle est la somme de maux placée de l'autre côté de la balance.

Ce serait insulter au bon sens des lecteurs que d'insister maintenant sur la disproportion dont il s'agit. Si l'on venait nous proposer une épreuve dont l'alternative parût offrir un bien et un mal égaux en étendue, passe encore que l'on osât la tenter; mais ici rien n'approche d'une compensation raisonnable. Des risques immenses et irréparables d'un côté; de l'autre, une espèce de jeu niais et enfantin, dont le plus grand avantage possible est de procurer quelque pâture à la malveillance ou à l'oisiveté : assurément il n'y a que des insensés qui puissent délibérer.

Cette considération est si forte, que si l'on veut seulement s'en tenir à l'idée que les journaux révolutionnaires nous donnent de cette puissance nouvelle, c'est une inconnue qui se présente à notre porte avec quelques fruits dans une main et un poignard dans l'autre, et qui dit : Voulez-vous me loger? vous saurez plus tard si c'est la mort que je vous apporte, ou des fruits que je viens vous offrir. Dans ce cas, la logerez-vous?

Mais il y a plus encore, c'est que nous n'avons pas même l'incertitude pour excuse. Nous savons ce que veut cette inconnue ; nous savons quel est celui de ses deux présens qui nous restera; car en cherchant à l'introduire chez nous comme une étrangère nouvellement admise dans la civilisation, il est clair qu'on ne songe qu'à nous tromper. On veut nous empêcher de la reconnaître pour la mère des discordes, et nous cacher ce front encore empreint du sceau des méfiances dont il a été marqué à diverses époques. Mais nous avons bonne mémoire, et nous allons rappeler les titres de recommandation de celle qui nous est présentée comme une nouvelle connaissance.

Ce qui s'est passé vers la fin du dix-huitième siècle est ce que l'on connaît de plus concluant contre la liberté de la presse. A cette époque, le relâchement ou l'imprévoyance des gardiens de l'ordre public sembla équivaloir pour elle au consentement tacite de la prendre à l'essai. Or, il arriva que cette demi-tolérance lui fut suffisante pour démolir tout l'édifice social, pour renverser de fond en comble ce que tous les efforts de l'Europe et douze années de restauration n'ont pu relever. Cependant alors les talens brouillons et perturbateurs ne se comptaient pas comme aujourd'hui par milliers, et les arsenaux de la licence n'étaient ouverts qu'à un petit nombre d'ouvriers révolutionnaires. Si donc vous demandez au dix-huitième siècle des renseignemens sur la liberté de la presse, il vous répondra que pour lui avoir seulement entr'ouvert une porte, toute la révolution y a passé.

Si vous demandez ensuite à cette même révolution de quelle manière elle a été forcée d'agir envers l'amie qui l'avait introduite, envers la mère qui l'avait mise au monde, elle vous répondra que son premier soin a été de l'étouffer, pour n'en être pas étouffée elle-même. Elle vous dira que si la liberté de la presse entra pour la forme dans les *droits de l'homme* de ce tems-là, c'est qu'elle consentit volontairement à se taire et à s'enchaîner de ses propres mains. Plus tard, à la vérité, elle essaya de se les délier; mais rappelez-vous qu'on ne sortit d'embarras et de péril, avec elle, qu'en la reléguant au désert de Sinnamari.

Bonaparte vint ensuite, et décida la question avec plus de franchise que ses prédécesseurs. Il ne se donna pas la peine de conserver de nom une chose qu'il savait ne pouvoir être conservée de fait qu'au profit des révolutions. Il sentit que la liberté de la presse ne peut jamais viser qu'au mal, puisqu'elle a toute permission de viser au bien; que son but ne saurait être que l'agitation et la guerre, puisque rien ne l'empêche de s'exercer aux travaux qui ont immortalisé le siècle de Louis XIV. En un mot, il n'en voulut point, parce que déjà l'expérience avait assez parlé pour qu'il fût visible qu'aucune durée ne pouvait être promise aux gouvernemens qui oseraient se placer entre notre caractère national et la liberté de la presse.

DEUXIEME

INQUIÉTUDE DES GENS DE BIEN.

PLAIE DE LA FLATTERIE.

La flatterie a dit aux Bourbons d'une voix perfide[1]: Pourquoi prendriez-vous des précautions contre la licence? les autres gouvernemens ont eu leurs raisons pour la redouter. En eux tout était vulnérable et sujet à contestation. Soutenus par le droit passager de la force, ils n'avaient qu'une existence viagère, et leur vie politique ne tenait pour ainsi dire qu'au souffle qui fait plier les roseaux. La légitimité vous place dans une situation bien autrement avantageuse. Cette forteresse inexpugnable vous permet de tout braver. Rien avec vous ne saurait être mis en discussion. Vos droits sont à l'abri de tout examen et peuvent affronter sans inconvénient toutes les libertés publiques.

A la place de cette flatterie intéressée, voici le langage qu'auraient tenu la franchise et la vérité : Ne vous fiez à aucuns droits dans un tems où l'on professe en face du trône que *la légitimité des rois est moins ancienne que celle des peuples.* Sans doute vous pensez aussi que les droits du ciel sont légitimes? Cependant, écoutez ce que les journaux révolutionnaires vous en disent : ils déclarent hautement que c'est par réflexion que le peuple les méconnaît aujourd'hui, et qu'on perdrait son tems à vouloir le ramener vers d'autres idées. De cette déclaration de principes, croyez vous qu'il y ait bien loin à méconnaître le point de droit de la monarchie sur lequel on vous engage si perfidement à vous reposer?

La légitimité de Louis XVI fut aussi une chose incontestable : rien ne doit être sacré si elle ne dut pas l'être. Eh bien! qui trouva-t-il pour la sauver lorsque la liberté de la presse entreprit de l'effacer du respect des hommes? Qui sait si la flatterie n'était pas venue lui dire également : Reposez-vous. Mais lui, du moins, il était excusable ; il ne savait pas!.....

Nous, qui savons, osons parler le langage de la vérité, et révéler un triste secret de l'expérience : c'est qu'aux yeux des peuples un mauvais droit soutenu par la vigueur et le nerf de l'autorité, fait beaucoup plus d'impression qu'un bon droit abandonné à lui-même, qui manque d'énergie pour se faire appuyer. Certes, le pouvoir de Louis XVI était plus légitime que celui des gouvernemens qui l'ont usurpé. Mais quand la liberté de la presse l'eut réduit à un droit sans force, il valut bientôt moins que la force des gouvernemens sans droit.

Si la plupart des grands effets ne tenaient à de petites causes, on serait surpris sans doute de rencontrer ici la flatterie au nombre des plaies sérieuses qui affligent l'état. Moi-même j'aurais peine à comprendre la chose si, en présence de beaucoup d'autres témoins, je n'eusse entendu la dangereuse déesse rendre compte des moyens par elle employés, au commencement du nouveau régne, pour conquérir la liberté de la presse. Jamais l'esprit d'intrigue n'a rien imaginé de plus ingénieux pour porter au fond des palais le mensonge et la séduction; pour irriter les nobles fiertés par de faux hommages, et glisser des piéges sous des enveloppes de fleurs. On eût dit que, d'avance, la liberté de la presse parait ses victimes.

Peut-être viendra-t-il un tems où les journaux révolutionnaires se divertiront à rendre compte eux-mêmes de ce que je ne fais qu'indiquer ici. Mais, dès à présent, sans toucher aux secrets qu'ils n'impriment point encore, jugeons des calculs qu'ils établissent sur la flatterie par les essais assez nombreux qu'ils en ont déjà faits sur la magistrature. Combien de louanges douces n'ont-ils pas trouvées pour elle, depuis un an, aux dépens du gouvernement du roi! avec quel soin et quel art ils l'ont choyée dans tous les a-propos qu'ils ont pu saisir! Cent fois ils sont tombés à genoux devant elle comme des esclaves qui cherchent à détourner le fouet vengeur. Ils ont dit, sous toutes les formes de l'adulation : L'esprit de l'ancienne magistrature se réveille; elle est, pour nous, comme les autels des dieux de Rome, derrière lesquels on se réfugiait; c'est notre port de salut dans le naufrage de nos libertés; en elle et par elle, nous verrons bientôt revivre ces anciens parlemens, qui savaient élever pouvoir contre pouvoir et barrer fièrement le passage à leurs maîtres. Enfin ils lui ont répété, à peu près dans les mêmes termes, l'heureux compliment adressé par un d'eux à la chambre des pairs : *C'est un collége de tri-*

buns inamovibles, *ayant le veto*. Car le *veto* est le présent qu'ils offrent le plus volontiers depuis qu'ils le considèrent comme une déduction de la royauté.

Je ne présume point que le miel de la flatterie, distribué par les journaux révolutionnaires, puisse être d'une grande douceur pour la magistrature. Mais il a, pour le public, l'inconvénient d'altérer ses idées sur la nature et les formes nouvelles du gouvernement. C'est le nourrir d'ignorance et d'erreur que de vouloir lui persuader que l'esprit et le pouvoir des anciens parlemens peuvent renaître dans nos cours royales actuelles. L'héritage de ces parlemens a été, en effet, recueilli et conservé; il s'est même beaucoup accru en importance et en grandeur politique. Mais c'est dans la chambre des pairs et dans celle des députés qu'il a passé. Si donc vous voulez susciter de l'opposition et des résistances légales au gouvernement du roi, prenez-les où elles sont, et ne vous amusez plus à nous les faire chercher autour de la *Salle des Pas-Perdus*.

TROISIEME

INQUIÉTUDE DES GENS DE BIEN.

PLAIE DE L'IMPUNITÉ.

A quelque chose malheur est bon. L'impunité, en matière de licence, n'est peut-être pas un aussi grand mal qu'on l'imagine. Son effet naturel est d'éveiller la législation, et de l'avertir encore à tems qu'il manque quelque chose d'essentiel à la vie de l'état. Pour les écrivains révolutionnaires, l'impunité est un grand sujet de joie. Ils ont tort; c'est à la monarchie et aux bons citoyens que ces exemples profiteront. On est presque tenté de s'écrier : *O felix culpa!*

Si les tribunaux eussent trouvé dans la législation actuelle seulement quelque palliatif, quelque faible moyen de défense pour le corps social, nous serions peut-être restés endormis sur nos dangers. Mais heureusement ils ont jeté le cri de détresse; ils ont proclamé que le mal est sans remède de leur côté. Ce n'est plus leur faute si nous périssons; ils nous ont avertis.

Observons, toutefois, combien quelques exemples d'impunité ont fructifié promptement ; il en est né tout à coup une foule de petits journaux révolutionnaires auxquels on ne songeait pas. Vous savez que sous prétexte d'alimenter le goût du théâtre et des arts, il apparaissait presque chaque semaine quelque nouvel entrepreneur de littérature, quelque nouvel historien des coulisses. Eh bien ! ils se sont faits contrebandiers de politique aussitôt qu'ils ont cru voir que le métier était sûr, et qu'ils pouvaient se mêler sans inconvénient aux saturnales révolutionnaires. Ils ont compris apparemment que l'œil de la justice n'avait plus rien à voir à leurs œuvres, et que l'impunité devait être pour tout le monde. Il est certain que quand on est arrivé au point où nous en sommes, sous le rapport de la licence, ce n'est plus guère la peine de compter. Mais il est vrai de dire également que si un pareil état de choses devait durer, ce serait la monarchie qui ne durerait pas ; car soyez sûrs qu'en France on ne laissera jamais vivre les gouvernemens qui se laisseront miner par la liberté de la presse.

FIN.

TABLE DES CHAPITRES.

FIN DE LA TABLE.

www.ingramcontent.com/pod-product-compliance
Lightning Source LLC
LaVergne TN
LVHW020447230826
846091LV00004B/1580

9782013630382